BEI GRIN MACHT SICH IHR WISSEN BEZAHLT

- Wir veröffentlichen Ihre Hausarbeit,
  Bachelor- und Masterarbeit

- Ihr eigenes eBook und Buch -
  weltweit in allen wichtigen Shops

- Verdienen Sie an jedem Verkauf

Jetzt bei www.GRIN.com hochladen und kostenlos publizieren

Julia Uhlitzsch

Strukturierte Lesetagebucharbeit

GRIN Verlag

Bibliografische Information der Deutschen Nationalbibliothek:

Die Deutsche Bibliothek verzeichnet diese Publikation in der Deutschen National-
bibliografie; detaillierte bibliografische Daten sind im Internet über http://dnb.d-
nb.de/ abrufbar.

Impressum:

Copyright © 2013 GRIN Verlag GmbH
Druck und Bindung: Books on Demand GmbH, Norderstedt Germany
ISBN: 978-3-656-49331-0

Dieses Buch bei GRIN:

http://www.grin.com/de/e-book/232229/strukturierte-lesetagebucharbeit

GRIN - Your knowledge has value

Der GRIN Verlag publiziert seit 1998 wissenschaftliche Arbeiten von Studenten, Hochschullehrern und anderen Akademikern als eBook und gedrucktes Buch. Die Verlagswebsite www.grin.com ist die ideale Plattform zur Veröffentlichung von Hausarbeiten, Abschlussarbeiten, wissenschaftlichen Aufsätzen, Dissertationen und Fachbüchern.

Besuchen Sie uns im Internet:

http://www.grin.com/

http://www.facebook.com/grincom

http://www.twitter.com/grin_com

Stiftung Universität Hildesheim
Institut für deutsche Sprache und
Literatur

Bühler- Campus
Lübecker Straße 3
31141 Hildesheim

Sommersemester 2013
Seminar (MM II): Lesekompetenz und
Leseförderung
Fr. 10.15 Uhr - 11.45 Uhr

Strukturierte Lesetagebucharbeit

Ausarbeitung zum Referat vom 07.06.2013

vorgelegt von: Julia Uhlitzsch

Abgabetermin: 15.08.2013

Inhaltsverzeichnis

1. Einleitung

Die vorliegende Ausarbeitung legt ihren Schwerpunkt auf die *strukturierte Lesetagebucharbeit*. Im Rahmen eines Referats im Seminar *Lesekompetenz und Leseförderung* unter der Leitung von *Dr. Ingrid Hintz* wurde diese bereits vorgestellt. Die Ausarbeitung hat sich zum Ziel gesetzt, grundlegende Inhalte des Referats aufzunehmen und durch weiterführende Aspekte zu ergänzen.

Zunächst wird verdeutlicht, warum das Lesetagebuch ein handlungs- und produktionsorientiertes Verfahren darstellt, welche pädagogischen Intentionen beabsichtigt werden und wie ein Lesetagebuch aufgebaut ist[1].

Da die vorliegende Ausarbeitung ausschließlich das strukturierte Lesetagebuch behandelt, werden anschließend die Formen des strukturierten Lesetagebuchs beleuchtet. Nachdem die Auseinandersetzungsweisen in einem Lesetagebuch erläutert und durch Beispiele veranschaulicht wurden, erfolgen Hinweise zum Unterricht mit dem strukturierten Lesetagebuch.

Damit eine Beurteilung der strukturierten Lesetagebucharbeit stattfinden kann, werden schlussendlich ihre Vor- und Nachteile diskutiert.

2. Das Lesetagebuch

2.1 ... als handlungs- und produktionsorientiertes Verfahren

„Das Lesetagebuch ist [...] eine geeignete und bewährte Methode, um bei den Schülerinnen und Schülern die individuelle und gemeinsame Auseinandersetzung mit dem gelesenen Buch anzuregen und zu unterstützen." (Depner & Hintz , 2009, S. 23).

Mit dieser Aussage machen *Depner & Hintz* deutlich, welche Bedeutung dem Lesetagebuch im Unterricht zukommen kann. In der schulischen Leseförderung

---

[1] Im vorgegebenen Rahmen dieser Ausarbeitung ist es nicht realisierbar, näher auf den Begriff *Lesetagebuch* einzugehen beziehungsweise das *strukturierte Lesetagebuch* vom *freien Lesetagbuch* abzugrenzen. Der Schwerpunkt wurde daher auf die praktische Arbeit mit dem *strukturierten Lesetagebuch* gelegt.

sollte darauf geachtet werden, dass neben den offenen Formen des Lesens von Kinder- und Jugendliteratur, auch immer wieder eine gemeinsame Klassenlektüre gelesen wird (vgl. ebd.). Damit ist nicht gemeint, dass alle Schülerinnen und Schüler[2] jede Seite gemeinsam lesen, sondern dass sich jeder in seinem individuellen Lesetempo der ausgewählten Lektüre widmet. Während oder auch im Anschluss des Lesens können die SuS sich individuell, zu zweit oder auch in Gruppen mit entsprechenden Aufgaben zur Lektüre auseinandersetzen (vgl. ebd.). *Depner & Hintz* bezeichnen die Auseinandersetzung mit diesen Aufgaben als „handlungs- und/oder produktionsorientierte Arbeit" da das „Textverstehen nicht nur auf analytisch- interpretatorische Weise, sondern vor allem durch handelnden Umgang" (Depner & Hintz, 2009, S. 23), erreicht werden soll.

2.2 Pädagogische Intentionen

Da das Lesetagebuch für *Depner & Hintz* ein „Kommunikationsangebot an den Leser" sowie einen „Anlass für eine mitgestaltende Auseinandersetzung" (ebd.) darstellt, erfordert der Unterricht eine geöffnete Unterrichtsführung und -gestaltung (vgl. Berens & Hintz, 2007, S. 19). Um zu verdeutlichen, inwiefern die Methode *Lesetagebuch* geeignet ist, werden folglich pädagogische Intentionen angeführt:

- „Individualisierung des Lesens und Lernens,
- Herausforderung der Eigenverantwortung der SuS für ihr Lesen und Lernen,
- die Förderung der Selbsttätigkeit bei der Bearbeitung der Aufgaben."

(ebd.).

2.3 Aufbau und Bearbeitung eines Lesetagebuchs

Das Lesetagebuch sieht vor, dass verschiedene Aufgaben zur Buchlektüre *vor* dem Lesen, *während* des Lesens und *nach* dem Lesen bearbeitet werden. Da sich diese Ausarbeitung auf das strukturierte Lesetagebuch bezieht, wird von vorstrukturierten Aufgabentypen ausgegangen. Bei denen, die *vor* dem Lesen bearbeitet werden, kann es sich dabei zum Beispiel um das Formulieren von

---

[2] Aus Gründen der sprachlichen Vereinfachung wird *Schülerinnen und Schüler* im Folgenden mit *SuS* abgekürzt.

Gedanken und Fragen zum Buchtitel, Cover und Klappentext handeln. Weiterhin können durch assoziative Übungen oder die Informationsentnahme aus Lexika verschiede Begriffe im Vorfeld geklärt werden (vgl. ebd., S. 22). Die zu bearbeitenden Aufgaben *während* des Lesens sind äußert vielfältig. Die folgenden Beispiele zeigen nur einen Auszug der möglichen Aufgabeninhalte:

* Informationen aus einem Text entnehmen oder eigenständig ergänzen
* Multiple-Choice-Aufgaben zum Textverständnis
* Charakterisierungen
* Gefühle und Verhaltensweisen deuten, Gedanken und Gefühle nachempfinden
* Zusammenfassungen, Argumentation, Problemlösen, Meinungen äußern
* Bildbeschreibung
* Tagebucheinträge, Briefe schreiben oder Telefongespräche entwerfen
* Bildbeschreibungen, Bilder malen

(vgl. Depner & Hintz, 2009, S. 25; Berens & Hintz, 2007, S. 22f.).

Nach dem die Lektüre ausgelesen wurde, können die *Aufgaben nach dem Lesen* bearbeitet werden. Hierbei geht es zum Beispiel darum, den Schluss des Buches zu beurteilen oder auch fortzusetzen. Darüber hinaus, kann das Textverstehen wiederholt überprüft oder die eigene Meinung und Eindrücke zum Buch wiedergegeben werden (vgl. Berens & Hintz, 2007, S. 23.).

2.4 Formen des strukturierten Lesetagebuchs

Wie bereits erwähnt, bezieht sich diese Ausarbeitung ausschließlich auf das strukturierte Lesetagebuch. Daher werden im Folgenden nur die Formen des strukturierten Lesetagebuchs genannt und kurz erläutert. *Hintz* unterscheidet dabei die vorstrukturierte Lesetagebucharbeit anhand von Lesetagebücher mit ausgewählten offenen, mit buchbezogenen oder mit selbst erstellten Aufgaben. In einem Lesetagebuch mit ausgewählten offenen Fragen, erhalten die SuS vorgestaltete Einlegeblätter mit offenen Aufgaben, die sie dann bearbeiten (vgl. Hintz, 2008, S. 281). In diesem Fall ist das Vorstrukturierte nur in Maßen gegeben. Das Lesetagebuch mit buchbezogenen Aufgaben ist dahingegen vorstrukturiert, dass die Aufgaben sich auf das jeweilige Buch beziehen und von Verlagen zu bestimmten Büchern angeboten werden. Ein Lesetagebuch mit selbst erstellten Aufgaben wird von der Lehrkraft erarbeitet und enthält vorstrukturierte Inhaltsbereiche, die im Unterricht zum Tragen kommen sollen.

2.5 Auseinandersetzungsweisen im Lesetagebuch

In diesem Kapitel geht es darum die Auseinandersetzungsweisen mit dem Buchgeschehen und den Buchfiguren zu beleuchten. Diese lassen sich aus den eben genannten zahlreichen Aufgabetypen ableiten und sind sich sowohl im freien als auch im strukturierten Lesetagbuch zu finden. Nachstehend werden die einzelnen Auseinandersetzungsweisen kurz vorgestellt und mithilfe passender Beispielaufgaben aus strukturierten Lesetagebüchern veranschaulicht.

Hintz unterscheidet folgende Auseinandersetzungsweisen:

1. deskriptiv-dokumentarisch
2. imaginativ- identifikatorisch
3. kommunikativ/ metakognitiv

(vgl. Hintz, 2002, S. 256ff.)

2.5.1 deskriptiv- dokumentarisch

Deskriptiv-dokumentarische Auseinandersetzungsweisen

Deskriptiv-dokumentarische Auseinandersetzung (eher kognitiv)	reproduktiv (Inhaltswiedergabe)	strukturierend / reduktiv / ausführlich
		nacherzählend / narrativ
		wörtlich
		stichwortartig
		interpretierend
		assoziativ kommentierend
		zeichnerisch
		produktiv (Rätsel, Fragen, Aufgaben)
	reflektierend	über den Buchtitel
		über das Buchgeschehen und seine Wirkung
		über Buchfiguren und ihr Verhalten
		über die ‚Sprache' des Buches
		über eigene Erfahrungen im Zusammenhang mit dem Buchgeschehen
	wertend	Meinungsäußerung (positiv / negativ)
		Begründetes Urteil (zustimmend / ablehnend)
		Moralisieren (Idealisierung / Verurteilung / Ambivalenz)

Abb. 1 Deskriptiv- dokumentarische Auseinandersetzungsweisen

Die Abbildung 1 zeigt, die deskriptiv- dokumentarischen Auseinandersetzungsweisen in reproduktive, reflektierende und wertende Ausprägungen
unterteilt werden. In Bezug auf die Reproduktion einer Lektüre wird deutlich, dass
diese durch die SuS auf verschiedene Art und Weise durchgeführt werden kann.
Eine Inhaltswiedergabe kann demnach ausführlich und reduktiv, nacherzählend,
wörtlich, stichwortartig, interpretierend, zeichnerisch oder produktiv sein. Die
Reflexion des jeweiligen Buches sieht vor, dass „das Buchgeschehen und seine
Wirkung auf die Leser sowie die Buchfiguren und ihr Verhalten, der Buchtitel und
die Sprache, schließlich auch die eigenen Erfahrungen, an die man sich im
Zusammenhang mit dem Buchgeschehen erinnert" (ebd., S. 256) betrachtet
werden. Die Bewertung eines Buches hängt eng mit den inhaltsbezogenen und
reflektierenden Eintragungen zusammen. Diesbezüglich werden Meinungen und
Urteile über zum Beispiel Handlungen, Verhaltensweisen, Konflikte gefällt sowie
moralisierende Appelle formuliert (vgl. ebd., S. 257).

Beispiele:

dekriptiv- dokumentarische Auseinandersetzungsweise: *reproduktiv*

Urlaubspläne

Die Mutter und Hotte eröffnen Lino, dass sie mit ihm in den Urlaub fahren wollen. Was genau haben
sie vor und wie reagiert Lino darauf?

_____

_____

_____

_____

(Weinreis & Hintz., 2006, S.21)

Lino in der Schule

Die Reihenfolge der sechs Sätze ist falsch. Ordne sie sinnvoll, indem du in die Kästchen jeweils die richtige Nummer von 1 bis 6 schreibst. Du kannst die Stelle im Buch auf Seite 69 noch einmal nachlesen.

- [ ] Lino kann an der Tafel alle Matheaufgaben richtig vorrechnen.

- [ ] Lilli weiß die Lösung der Aufgabe nicht. Lino sagt sie ihr leise vor.

- [ ] Herr Rosenbaum ruft Lino an die Tafel.

- [ ] Dann muss Lilli an die Tafel.

- [ ] Lilli lächelt Lino an, aber der guckt gleich wieder weg.

- [ ] Lino setzt sich wieder auf seinen Platz.

Male eine der oben beschriebenen Szenen. Du kannst auf einem Zusatzblatt auch eine Bildergeschichte zu dieser Mathematikstunde zeichnen.

(Weinreis & Hintz, 2006, S.14)

dekriptiv- dokumentarische Auseinandersetzungsweise: *reflektierend*

Beim Abendessen mit Hotte und seiner Mutter sagt Lino kein Wort. Schreibe auf, warum er sich wohl so verhält.

_____

(Weinreis & Hintz, 2006, S.11)

dekriptiv- dokumentarische Auseinandersetzungsweise: *wertend*

Wie beurteilst du das Verhalten von Linos Mutter und Hotte? Begründe deine Meinung.

_____

_____

(Weinreis & Hintz, 2006, S.15)

Was meinst du: Wird Hotte Linos Freund bleiben?   ☐ Ja   ☐ Nein

Und wird es zur Gründung der eigenen Band kommen?   ☐ Ja   ☐ Nein

Meine Begründungen: _____

_____

(Weinreis & Hintz, 2006, S.29)

2.5.2 imaginativ- identifikatorisch

Imaginativ-identifikatorische Auseinandersetzungsweisen

Imaginativ-identifikatorische Auseinandersetzung (eher emotional)	selbstbezogen	die eigene Lebenswelt zur Buchwelt in Beziehung setzen
		sich vorstellen, was man selbst als zusätzliche Buchfigur denken, sagen, fühlen und tun würde (Substitution)
		sich vorstellen, was man selbst an Stelle von Buchfiguren denken, sagen, fühlen und tun könnte (Projektion)
	figurenbezogen	sich in Buchfiguren und ihre Situation hineindenken (Perspektivenübernahme, Fremdverstehen)
		sich vorstellen und nachempfinden, was eine Buchfigur denken und fühlen könnte (Empathie)
	produktiv- kreativ gestaltend	in die Handlung eingreifen (umschreiben / weiterschreiben)
		aus der Perspektive der Buchfiguren etwas schreiben (Tagebucheintragung, Brief)
		aus Anlass der Handlung etwas gestalten (Sprechblasen, Collagen, Comics, Plakate, Illustrationen, Gedichte, Schreibstil-Imitationen)

Abb. 2 imaginativ- identifikatorische Auseinandersetzungsweisen

Die imaginativ- identifikatorischen Auseinandersetzungsweisen sind vor allem selbst- und figurenbezogen und stehen häufig in Verbindung mit produktiv-kreativ gestaltenden Darstellungsformen wie zum Beispiel Tagebucheinträge, Dialoge, Briefe oder Telefongespräche (vgl. Hintz, 2002, S. 259). Aus der Übersicht in Abbildung 2 geht hervor, wie vielfältig die Möglichkeiten der Imagination und Identifikation sind. Die SuS können die eigene Lebenswelt zur Buchwelt in Beziehung setzen, die Rolle einer zusätzlichen Buchfigur einnehmen oder sich in Buchfiguren und ihre Situation hineindenken (siehe Abb.2). *Hintz* macht in ihren Ausführungen deutlich, dass Perspektivenübernahme, Fremdverstehen und Empathie den Erwerb von fach- und unterrichtsüberschreitenden Sozialkompetenzen unterstützen (vgl. Hintz, 2002, S. 259).

9

<u>Beispiele:</u>

imaginativ- identifikatorisch: *selbstbezogen*

Wie findest du Linos Verhalten? Kannst du ihn verstehen? Was würdest **du** in seiner Situation tun?

_____

_____

_____

_____

(Weinreis & Hintz, 2006, S.15)

imaginativ- identifikatorisch: *figurenbezogen*

Lino stürmt nach dem Gespräch mit seiner Mutter aus dem Haus. Schreibe in die Gedankenblase, was ihm danach alles durch den Kopf geht (Ich-Form).

Ich habe endgültig genug von Mamas Liebschaften!

(Weinreis & Hintz, 2006, S.27)

imaginativ- identifikatorisch: *produktiv- kreativ gestaltend*

● Einen **neuen Schluss** schreiben/Die **Geschichte weiterschreiben**
Die Geschichte hätte auch ganz anders ausgehen können, als die Autorin sie geschrieben hat.
Schreibe die Geschichte ab dem 10. Kapitel (nach der Rückkehr aus dem Urlaub) neu.
Oder: Schreibe die Geschichte weiter und füge noch ein oder zwei Kapitel hinzu (Kapitel 13 und 14).

(Weinreis & Hintz, 2006, S.31)

2.5.3 kommunikativ/ metakognitiv

Kommunikativ-metakognitive Auseinandersetzungsweisen

Kommunikative / metakommunikative Auseinandersetzung	Kommunikation mit impliziten Lesern	mit dem Tagebuch, mit Buchfiguren (z.B. Brief, Gespräch, Telefongespräch, Interview)
	Kommunikation mit expliziten Lesern	mit Lehrer/in, Mitschüler/innen, Autor/in (direkte Anrede, Brief, Mitteilungen, Fragen)
	Metakognition	über den eigenen Leseprozess
		über das Schreiben im Lesetagebuch
		über die eigenen Gedanken, Empfindungen, Imaginationen

Abb. 3 Kommunikative/ metakognitive Auseinandersetzungsweisen

Die Abbildung 3 zeigt, welche kommunikativen/ metakognitiven Auseinander-
setzungsweisen unterschieden werden: Kommunikation mit impliziten Lesern,
Kommunikation mit expliziten Lesern und Metakognition. Implizite Leser sind zum
Beispiel das eigene Lesetagebuch oder Buchfiguren, mit expliziten Lesern sind
Lehrkräfte, Mitschüler oder auch die Autoren angesprochen. Die
Auseinandersetzung mit der Metakognition erfolgt zumeist dann, wenn über den
eigenen Lese- und Schreibprozess sowohl positiv als auch negativ reflektiert wird.
Dabei werden unter anderem Leseintensität/ Leseunlust, Involviertsein,
Schreibfreude, Schreibbarrieren, Gedanken und Gefühle thematisiert. Solche
Eintragungen lassen sich jedoch häufiger in einem freien Lesetagebuch finden.

Beispiele:

kommunikativ- metakognitiv: *Kommunikation mit expliziten Lesern*

- Schreibe einen **Brief oder eine E-Mail an die Autorin** Doris Meißner-Johannknecht. Schildere ihr,
  wie dir das Buch gefallen hat. Dabei kannst du auch Notizen aus deinem Lesetagebuch verwen-
  den. Du kannst ihr auch Fragen stellen oder erklären, was dir an dem Buch wichtig ist und was du
  beim Lesen empfunden hast. Vergiss nicht, deine Meinung zu begründen.

(Depner & Hintz, 2009, S.31)

kommunikativ- metakognitiv: *Kommunikation mit impliziten Lesern*

Warten auf das Selbstvertrauen

Max ist wieder zurück in Deutschland, in seinem Zimmer, auf seinem Sofa.
Nach dem Energiekick der letzten Urlaubstage wartet er nun auf das Selbstvertrauen, das ihm vom
Gummibärchen-Orakel versprochen wurde.
Anstatt auf das Selbstvertrauen zu warten, könnte er auch selbst aktiv werden, damit er sich für
den kommenden ersten Schultag gewappnet fühlt. Was könnte ihm guttun? Wie könnte er sein
Selbstvertrauen stärken? Gib ihm verschiedene Tipps.

Du fühlst dich bestimmt besser, wenn du ein heißes Bad nimmst.

Du fühlst dich bestimmt besser, wenn du _____

Du fühlst dich bestimmt besser, wenn du _____

Dein Selbstvertrauen wird gestärkt, wenn du _____

Dein Selbstvertrauen wird gestärkt, wenn du _____

Dein Selbstvertrauen wird gestärkt, wenn du _____

(Depner & Hintz, 2009, S.10)

kommunikativ- metakognitiv: *Metakognition*

Im freien Lesetagbuch erkennbar durch zum Beispiel folgende Formulierungen:

„Ich bin gestern nicht zum Lesen gekommen, weil…"
„Dieses Kapitel ist mir echt schwer gefallen."
„Heute habe ich eigentlich keine Lust, in meinem
Lesetagebuch zu schreiben."
„Ich muss sagen, dass Buch wird langsam spannend."

(Hintz, 2002. S. 260)

2.5.4 Anmerkungen

Hinsichtlich der Systematisierung der Auseinandersetzungsweisen in einem
Lesetagbuch ist zu erwähnen, dass der Entwurf von *Hintz* sehr differenziert
ausgearbeitet ist. Daher sind die Grenzen zwischen den einzelnen
Auseinandersetzungsweisen teilweise fließend, können sich überschneiden und

sind parallel denkbar. Laut der Autorin ist bereits eine „abgespeckte" Version erstellt worden (Hintz, 2013, mdl. Mitteilung).

In den Lesetagebüchern finden sich vorrangig Aufgabentypen, die deskriptiv-dokumentarische Auseinandersetzungsweisen verlangen. Dieses Übergewicht kann zum einen darin begründet sein, „dass eine Vergewisserung und Beurteilung des Buchinhalts die notwendigen Grundlagen für weitere Auseinandersetzungsprozesse sind." (Hintz, 2002, S. 258). Zum anderen kann aber auch die entsprechende Lenkung der Lehrkraft verantwortlich sein, die zum Beispiel den Schwerpunkt auf die Textrezeption setzt (vgl. ebd.).

3. Der Unterricht mit dem strukturierten Lesetagebuch

3.1 Organisatorische Rahmenbedingungen

Der organisatorische Rahmen ist besonders wichtig, um bei allen SuS die Motivation für das Lesen eines ganzen Buches zu wecken und während der gesamten Unterrichtseinheit aufrecht zu erhalten (Depner & Hintz, 2009, 19). *Depner & Hintz* nennen diesbezüglich einige Aspekte, die besonders berücksichtigt werden sollten. Die Gesamtheit der Aspekte zeigt auf, welche verantwortungsvollen Rollen und Aufgaben der Lehrkraft zugewiesen werden:

- Schülerinteressen und -bedürfnisse bei der Auswahl des Buches berücksichtigen (Inhalt, Schwierigkeitsgrad, Umfang etc.)
- Organisationsrahmen transparent machen (freie Lese- und Arbeitszeiten, Treffpunkte für Kommunikation, Austausch im Plenum etc.)
- SuS während des Lesens begleiten und beraten (Hinführung zum Lesetagebuch, Hilfen geben, Ermutigen, Zusatzmaterial anbieten etc.)
- Lehrkraft sollte positive Einstellung zum Lesen präsentieren (Modelllernen)
- Motivieren- aus sich entwickelnder Lesefreude eine dauerhafte Lesegewohnheit herstellen

(vgl. ebd., S. 19f.).

3.2 Ablauf der Unterrichtseinheit

Der Kern der Unterrichtseinheit ist die „selbstständige und individuelle Lesetagebucharbeit" (Depner & Hintz, 2009, S. 21). Zum Beginn der Einheit sollte eine gemeinsame Hinführung der SuS zum Buch stattfinden (vgl. ebd., S. 20). Dabei kann das Buch selbst als Einstieg fungieren, indem zum Beispiel Titel, Klappentext oder Illustrationen betrachtet werden (vgl. Berens & Hintz, 2007, S. 18). Gleichzeitig kann eine Einführung in die Arbeit mit dem Lesetagebuch erfolgen. Hierfür können zum Beispiel in Einzel- oder Partnerarbeit die ersten Seiten des Lesetagebuches bearbeitet werden, welche anschließend im Klassengespräch besprochen werden (vgl. Depner & Hintz, 2009, S. 20). Nach den ersten gemeinsamen Unterrichtsphasen zum ausgewählten Buch, sollte ein Zeitplan aufgestellt werden. Dieser zeigt den SuS, „in welchen Zeitabschnitten alle Lernenden bestimmte Buchabschnitte gelesen und begleitend die zugehörigen Lesetagebuchseiten bearbeiten haben sollen." (Berens & Hintz, 2007, S. 18). Aufgrund der unterschiedlichen Lesesozialisationen, Lesekarrieren, Lesegewohnheiten und Lesefähigkeiten sollte allen SuS genügend Zeit für das Lesen des Buches und zur Bearbeitung des Lesetagebuchs gegeben werden. Für die komplette Unterrichtseinheit sollte ein Zeitfenster von drei bis vier Wochen eingeplant werden (vgl. ebd., S. 18).

3.3 Bewertung der Lesetagebücher

In der Literatur wird die Beurteilung und Bewertung von Lesetagebüchern als schwierig angesehen. Dennoch ist es wichtig, dass die einzelnen Schülerleistungen durch einen ausführlichen Kommentar der Lehrkraft gewürdigt werden (Depner & Hintz, 2009, S.28). Dabei sollte nicht nur das Endergebnis sondern auch der jeweilige Entstehungsprozess mit einbezogen werden. Der Entstehungsprozess kann mithilfe von schriftlich festgehaltenen Beobachtungen beurteilt werden (vgl. ebd.). Einzelaspekte bei der Beobachtung könnten sein: „das Maß an Selbstständigkeit, die Kontinuität beim Arbeiten, die Bereitschaft zur Kooperation, die Intensität der Aufgabenbearbeitung" (ebd.). Für die Bewertung des Endergebnisses nennen *Depner & Hintz* folgende drei Beurteilungskriterien:

Vollständigkeit der bearbeitenden Aufgaben (20%)

Qualität der bearbeiteten Aufgaben (60%)

Gestaltung des Lesetagebuchs (20%) [3].

4. Diskussion und Fazit

Um schlussendlich die strukturierte Lesetagbucharbeit bewerten zu können, werden nachstehend Vor- und Nachteile dieser angeführt. Ein Vorteil des strukturierten Lesetagebuchs besteht darin, dass vor allem schwächere Lerner entlastet werden, da sie ein Gerüst von Aufgaben erhalten. Sie müssen selbst keine Aufgaben erfinden und werden somit von ihrer Angst befreit, etwas "falsch" zu machen(vgl. Hintz, 2002, S. 251). Weiterhin werden alle SuS durch die vorgegeben Aufgaben durch das Buch geführt und bekommen somit entsprechende Anhaltspunkte für die Auseinandersetzung mit der Lektüre. Damit wird ebenso erreicht, dass die SuS auf inhaltliche und sprachliche Besonderheiten sowie auf Schlüsselszenen aufmerksam gemacht werden (vgl. ebd.). Insgesamt geht damit eine Entlastung der Lehrkraft in ihrer Verantwortung für das Lernen einher. Weiterhin wird durch die Vergleichbarkeit der strukturierten Lesetagebücher, eine Beurteilung und Bewertung maßgeblich vereinfacht (vgl. ebd.). Das strukturierte Lesetagebuch bietet im Vergleich zum freien Lesetagebuch eine gewisse Aufgabenvielfalt, die wiederum eine vielfältige Auseinandersetzung mit der Lektüre bewirkt. So werden die SuS zum Beispiel „auch zur Auseinandersetzung mit Ungewohntem, Ungewünschtem, Unerwartetem und Beunruhigendem heraus[ge]forder[t] und zur Übernahme verschiedener Perspektiven an[ge]reg[t]" (ebd.).

Ein Nachteil der strukturierten Lesetagebucharbeit kann darin bestehen, dass die SuS keine Notwendig darin sehen, selbst Aufgaben zu finden oder auszuwählen. Möglicherweise werden sie dazu verführt, sich ausschließlich mit den Pflichtaufgaben zufrieden zu geben. Somit werden keine weiteren

---

[3] Jeder Beurteilungsaspekt enthält zur Orientierung entsprechende Leitfragen. Aufgrund des begrenzten Rahmens dieser Ausarbeitung werden diese hier nicht aufgeführt. Sie können in Depner & Hintz (Hrsg.) (2009): *Informationen für Lehrerinnen und Lehrer Konkurrenz für 007 von Doris Meißner Johannknecht.* Braunschweig: Schroedel nachgelesen werden.

beziehungsweise eigenen Wege zur Auseinandersetzung gesucht, was ein strukturiertes Lesetagebuch wenig individuell und abwechslungsreich erscheinen lässt (vgl. Hintz, 2002, S. 251). *Bertschi-Kaufmann* erklärt in diesem Zusammenhang: „Enge Aufgabenstellungen machen den Schreibenden zwar auf Anhieb deutlich, was von ihnen erwartet wird, aber sie schliessen immer auch interessante Möglichkeiten aus, zu denen Kinder, angeregt vom Erzählstil, dem Inhalt oder der Illustration eines Buches, durchaus finden können." (Bertschi-Kaufmann, 1998, S.32).

Strukturierte Lesetagebucharbeit weist in erster Linie vermehrt Vorteile auf. Für die Handhabung im Unterricht ist es jedoch unerlässlich, die Nachteile dieser Methode zu berücksichtigen. Damit ist gemeint, dass es notwendig ist, die vorstrukturierte Form durch weniger Pflichtaufgaben zu öffnen. Damit geht zum Beispiel einher, die wählbaren Anregungen zu vergrößern und Freiheiten für individuelle Bearbeitungen zu schaffen.

Abbildungsverzeichnis

Abb.	Seite	Titel	Quelle
1	6	Deskriptiv- dokumentarische Auseinandersetzungsweisen	Hintz, I. (2002): *Das Lesetagebuch. Intensiv lesen, produktiv schreiben,frei arbeiten.* Baltmannsweiler: Schneider Verlag Hohengehren.
2	9	Imaginativ- identifikatorische Auseinandersetzungsweisen	Hintz, I. (2002): *Das Lesetagebuch. Intensiv lesen, produktiv schreiben,frei arbeiten.* Baltmannsweiler: Schneider Verlag Hohengehren.
3	11	Kommunikative/ metakognitive Auseinandersetzungsweisen	Hintz, I. (2002): *Das Lesetagebuch. Intensiv lesen, produktiv schreiben,frei arbeiten.* Baltmannsweiler: Schneider Verlag Hohengehren.

Literaturverzeichnis

Berens, H. u. C. & Hintz,I.(Hrsg.)(2007): *Informationen für Lehrerinnen und Lehrer. Der Klassen-King von Elisabeth Zöller*. Braunschweig: Schroedel.

Depner, S. & Hintz,I.(Hrsg.)(2009): *Informationen für Lehrerinnen und Lehrer. Konkurrenz für 007 von Doris Meißner Johannknecht*. Braunschweig: Schroedel.

Depner, S. & Hintz,I.(Hrsg.)(2009): *Lesetagebuch. Konkurrenz für 007 von Doris Meißner Johannknecht*. Braunschweig: Schroedel.

Hintz, I. (2002 und 2008): *Das Lesetagebuch. Intensiv lesen, produktiv schreiben,frei arbeiten*. Baltmannsweiler: Schneider Verlag Hohengehren.

Weinreis, S. & Hintz, D.(Hrsg.)(2006): *Lesetagebuch. Mit und ohne Hotte von Sigrid Zeevaert*. Braunschweig: Schroedel,